신충행 선생님이 들려 주는
안익태

신충행 선생님이 들려 주는 안익태

제1판 제1쇄 발행일 2004년 8월 10일
제1판 제13쇄 발행일 2012년 8월 16일

글쓴이 · 신충행
그린이 · 신재명
펴낸이 · 소병훈
펴낸곳 · 도서출판 산하
주소 · 110-053 서울시 종로구 사직로 8길 21-2(내자동 서라벌빌딩 4층)
전화 · 02)730-2680(대표)
팩스 · 02)730-2687
등록번호 · 제300-1988-22호
홈페이지 · www.sanha.co.kr
전자우편 · sanha83@empal.com

● 이 책의 내용은 저자나 출판사의 동의 없이 사용할 수 없습니다.
● 책값은 뒤표지에 있습니다.

ISBN 89-7650-281-7 73810

신충행 선생님이 들려 주는
안익태

신충행 글 | 신재명 그림

도서출판 산하

나의 할아버지, 안익태 선생님

  나라에 기쁜 일이 있을 때나 슬픈 일이 있을 때, 우리는 애국가를 부릅니다. 애국가는 우리나라를 대표하는 노래이기 때문입니다. 어린이 여러분도 애국가를 부르면서 가슴이 뭉클해지는 감동을 느낀 적이 있을 겁니다.

  안익태 선생님은 애국가의 작곡자로 널리 알려져 있습니다. 하지만 저는 대한민국을 너무나 사랑했던 분으로 안익태 선생님을 기억하고 있습니다. 애국가에는 우리나라와 민족에 대한 선생님의 사랑이 가득 담겨 있습니다.

  아참, 제 소개를 해야겠군요. 제 이름은 미구엘 안익태입니다. 저는 안익태 선생님의 손자입니다. 안익태 선생님이 제 어머니의 아버지시니까, 정확하게 말하면 외손자인 셈입니다.

  저는 할아버지인 안익태 선생님을 직접 뵙지는 못했습니다. 제가 태어나기 전에 돌아가셨기 때문이지요. 하지만 할머니와 어머니로부터 할아버지에 관한 말씀을 많이 들었습니다.

  할아버지는 우리나라가 일본의 지배를 받고 있던 식민지 시절에 조국을 떠나야 했습니다. 할아버지는 다른 나라에서 스스로 학비와 생활비를 벌어 공부하면서 고생을 많이 했습니다. 하지만 어려운 환경에서도 열심히 음악을 공부하여, 결국 세계적으로 유명한 작곡자이자 지휘자가 되었습니다. 할아버지는 스페인에서 제 할머니를 만나 결혼하고 살게 되었지만, 단 하루도 조국인 대한민국을 잊은 적이 없었습니다. 집에는 언제나 태극기가 걸려 있었고, 설날이나 추석 등 명절이 되면 가족과 함께 한복을 입고 아리랑을 부르며 눈물을 흘렸습니다.

저는 스페인에서 태어났고, 국적도 스페인입니다. 저는 법학을 공부하여 스페인에서 변호사가 되었지만, 지금은 한국에서 역사를 공부하고 있습니다. 제게는 분명 한국인의 피가 흐르고 있고, 그 뿌리를 제대로 아는 것이 중요하다고 생각했기 때문입니다. 그렇다면 저에게는 조국이 두 개 있는 셈입니다. 저는 공부를 마친 뒤에도 한국과 스페인을 위해 뜻 깊은 일을 하고 싶습니다.

올해 여든아홉 살인 할머니는 스페인에서 사십니다. 할머니도 자신이 한국 사람이라고 생각하며, 앞으로 남은 인생을 한국에서 살고 싶다고 하십니다. 할머니께서는 제게 할아버지를 기억하고 애국가를 사랑하는 한국 사람들에게 감사의 말씀을 전해 달라고 하십니다. 그런데 할머니와 우리 가족이 무엇보다도 간절하게 바라는 것이 있습니다. 그것은 우리나라와 민족의 통일입니다.

 우리 민족은 두 나라로 갈린 채, 서로 다른 국가를 부르고 있습니다. 이것은 비극입니다. 하루라도 빨리 통일이 되어, 우리 민족이 서로 얼싸 안고 모두 함께 애국가를 부르는 날을 보는 것이 우리 가족의 소원입니다. 아니, 통일되기 전이라도 애국가만큼은 하나로 통일되기를 소망합니다.

 애국가는 우리가 부르는 노래이기도 하지만, 무엇보다도 나라와 민족에 대한 뜨거운 사랑의 표현입니다. 애국가에는 온갖 어려움을 헤치고 유유히 이어져 온 우리 역사에 대한 자부심이 담겨 있습니다.

 나라를 사랑하는 데에는 수많은 방법이 있겠지만, 가장 중요한 것은 모두 묵묵히 노력하면서 자기 일을 성실히 하는 것입니다. 할아버지가 음악을 통해서 조국을 사랑하고, 세계 사람들의 마음을 하나로 모았던 것처럼 말입니다.

  저는 우리나라가 힘으로 다른 나라를 누르지 않으면서도 자유와 평등이 넘치는 나라가 되기를 소망합니다. 그렇게 되려면 장차 우리나라를 이끌어 갈 어린이들이 몸과 마음을 튼튼히 하는 것이 중요합니다. 그리고 친구와 이웃을 사랑하면서, 자기의 꿈과 희망을 이루기 위해 노력하는 어린이가 되어야 하겠습니다. 그것이야말로 할아버지인 안익태 선생님이 어린이 여러분에게 바라는 소원이었을 테니까요.

2004년 여름에

Miguel Ahn Eaktai

미구엘 안익태

음악으로 민족의 혼을 되살리다

안익태 선생은 우리나라의 애국가를 작곡한 분으로 널리 알려져 있습니다. 그러나 안익태 선생이 소년 시절부터 독립 운동을 했고, 그 뒤에는 세계 곳곳을 돌아다니면서 유명한 교향악단을 지휘했다는 사실을 아는 사람들은 많지 않은 것 같습니다.

평양의 숭실 중학교를 다니던 시절, 소년 안익태는 일본의 앞잡이 노릇을 하는 교사를 몰아 내기 위해 동맹 휴학을 주동했습니다. 동맹 휴학이란 자신의 주장을 펼치기 위해, 또는 옳지 못한 일에 대한 항의의 표시로 학생들이 집단으로 수업을 거부하고 등교하지 않는 행동을 말하지요. 이 기간 동안 소년 안익태는 친구들과 함께 감옥과 경찰서를 습격하여 독립 운동가들을 구해 내려는 모의를 하다가 퇴학을 당했습니다.

그 뒤 안익태 선생은 일본, 미국, 독일, 오스트리아, 헝가리 등의 나라를 떠돌며 첼로와 작곡, 그리고 지휘법을 공부했습니다. 안익태 선생은 고학으로 힘들게 생활하면서도 음악에 대한 정열을 잃지 않았으며, 세계적인 작곡가이자 지휘자가 되어서도 조국을 잊어 본 적이 없습니다.

  그러나 안익태 선생은 다른 나라에서는 크게 존경받고 환영받으면서도, 조국의 음악가들에겐 푸대접을 받았습니다. 조국에 대한 사랑을 예술로 승화시키려 했던 선생의 큰 뜻을 이해받지 못했기 때문입니다. 하지만 안익태 선생은 그런 사람들까지도 너그러운 마음으로 껴안았습니다.

  이렇듯, 진정한 예술의 길은 나라를 사랑하는 마음과 통하는 것입니다. 어린이 여러분도 참된 예술 정신과 진정한 나라 사랑이 무엇인지 함께 생각해 주기를 바라면서 이 책을 바칩니다.

2004년 여름에, 신충행

차 례

나의 할아버지, 안익태 선생님　4

음악으로 민족의 혼을 되살리다　8

풍금 소리에 마음을 빼앗기고　13

조국의 흙 한 줌에 담긴 사랑　18

일본 음악 학교에서　29

더 넓은 세계로　40

화려한 데뷔　53

'한국환상곡'은 작곡했지만　61

아아, '한국환상곡' 초연 75

슈트라우스의 제자가 되다 84

베를린 필하모니 관현악단 지휘 91

전쟁도 꺾지 못한 지휘봉 99

고국에서의 연주들 106

음악으로 일본을 정복하다 111

안익태 연보 120
애국가 이야기 122

풍금 소리에 마음을 빼앗기고

익태는 살금살금 집을 빠져 나와 동네의 예배당으로 갔습니다. 예배당에 가서 노래를 부르는 것도 좋았지만, 어제 처음 만져 보았던 풍금을 꼭 쳐 보고 싶었기 때문입니다.

여섯 살짜리 꼬마 익태는 처음 들은 풍금 소리에 푹 빠져 버리고 말았습니다.

그 다음 해, 일본에 유학 간 큰형인 익삼이 여름 방학을 맞아 집에 오면서 바이올린을 사다 주었습니다. 그리고 음악을 공부하는 친구에게 부탁해 익태가 기초 연주법을 배울 수 있게 해 주었습니다.

바이올린이 익숙해진 익태는 예배당의 선교사가 가르쳐 준 찬송가를 연습하느라 시간 가는 줄도 몰랐습니다.

1914년 늦가을, 평양의 종로 보통학교(요즘의 초등학교)에서 학예회가 열렸습니다.

1학년인 익태가 바이올린을 들고 무대에 올라섰습니다.

학생들과 학부모들은 말할 것도 없고 선생들 중에도 익태가 손에 든 악기가 바이올린이라는 것을 모르는 사람들이 많은 때였습니다. 그러나 바이올린에서 흘러나오는 너무나 맑고 고운 소리를 모두 숨을 죽이고 들었습니다.

"저 애가 대체 누구 아들이오?"

연주가 끝난 뒤 누군가가 옆 사람에게 물었습니다.

"문무 여관집 안덕훈의 셋째 아들이야."

"그놈 참 깜찍하기도 하네."

사람들은 감탄을 아끼지 않았습니다.

어느 날, 익태가 학교에서 공부를 하고 있는데 어디선가 트럼펫 소리가 들려왔습니다. 익태는 금방 감미롭고 힘찬 트럼펫 소리에 사로잡혔습니다.

익태는 아버지에게 트럼펫을 사 달라고 조르기 시작했습니다.

성화에 못 이긴 아버지가 아들의 청을 들어주었습니다. 익태는 트럼펫 연주법을 상급생에게 간단히 배운 뒤 혼자서 연습하기 시작했습니다. 아침에는 바이올린, 저녁에는 트럼펫에 매달렸습니다.

밤이 깊어 가는 줄도 모르고 트럼펫을 불어 대자, 여관의 손님들이 항의했습니다. 아버지는 침침한 다락방에서만 트럼펫을 불도록 했습니다. 다락방에서 흘러나오는 익태의 트럼펫 소리는 너무나 쓸쓸했습니다.

익태의 학교 성적은 형편없었습니다. 수학과 한문은 언제나 낙제점이었습니다. 음악 말고는 공부를 거의 하지 않았기 때문입니다.

바이올린과 트럼펫에만 매달리던 익태는 열네 살 나던 해에 평양 숭실 중학교에 입학했습니다. 미국 선교사가 세운 기독교 학교였습니다.

교장인 모리스 마우리 박사는 익태를 학교 관현악단에 가입시켰습니다. 마우리 박사는 익태가 반드시 훌륭한 음악가가 될 것이라고 믿고 적극적으로 돕기 시작했습니다. 숭실 중학교 관현악단은 선교 활동의 하나로 연주회를 자주 열었습니다. 익태는 수많은 청중 앞에서 연주하는 것을 무척 즐거워했습니다.

익태는 2학년 때엔 음악부장에 선출됐습니다. 그리고 바이올린, 트럼펫에 이어 또 하나의 악기를 갖게 되었습니다.

큰형이 첼로를 사다 준 것이었습니다. 첼로는 당시 우리나라에서는 구경조차 하기 힘들었던 악기였습니다.

마우리 박사는 익태를 서울에 보내 캐나다에서 온 선교사에게 첼로를 배우도록 했습니다.

그 선교사는 한국에 온 최초의 첼리스트로, 종로 YMCA 건너편 성경 학원 2층에서 혼자 살고 있었습니다.

익태는 청진동의 숙모 집에 머물면서 하루 열 시간씩 첼로를 연습하러 갔습니다.

"귀가 아파서 일을 못하겠어요."

익태가 아침부터 저녁까지 첼로 연습을 하자 학원에서 일하는 사람들이 짜증을 냈습니다.

그러던 중 선교사가 여름 수양을 위해 시골로 떠나자 학원에서 일하는 사람들은 익태를 못 견디게 괴롭혔습니다.

"저는 여름방학이 지나면 평양으로 돌아갑니다. 선교사님이 오실 때까지만 참아 주십시오."

익태는 눈물을 흘리면서 간절히 빌었으나 아무도 이해해 주지 않았습니다. 익태는 하는 수 없이 평양으로 돌아왔습니다.

조국의 흙 한 줌에 담긴 사랑

　익태는 말보다 행동을 앞세우는 학생이었습니다. 불의를 보면 참지 못했습니다. 익태가 다니는 숭실 중학교 선생들은 거의 다 기독교 신자였습니다. 그 중엔 실력이 모자라는 사람이 재단의 힘을 빌려 선생이 되는 일도 없지 않았습니다.

　안덕 선생도 그런 사람들 가운데 하나였습니다. 실력은 없으면서 학생들을 괴롭히고 자주 매질을 했습니다. 욕설을 마구 퍼붓는 일도 잦았습니다.

　안덕 선생은 또 학생들에게 친일을 강요했습니다. 모든 일에 순종하고 복종하는 것이 기독교의 진리이므로, 우리나라를 다스

리는 일본에 순종해야 한다는 얼토당토않은 주장을 폈습니다.

학생들은 일본의 앞잡이인 안덕 선생을 쫓아내기로 결정하고 동맹 휴학에 들어갔습니다.

익태는 주동 인물 중의 한 명이었습니다.

"이유가 무엇이든 학생이 선생님을 몰아내려고 한 것은 잘못된 일입니다."

교장은 익태를 비롯한 주동자들에게 무기 정학이란 무거운 벌을 내렸습니다.

"선생님이 학생에게 옳지 못한 것을 가르쳐도 그대로 따르란 말씀입니까?"

익태는 항의했습니다.

"악을 악으로 갚는 일은 하나님의 뜻에 어긋나는 일입니다."

교장이 말했습니다.

정학을 당해 학교를 쉬고 있을 때였습니다. 익태는 같은 사건으로 처벌받은 상급생들에게 애국가를 배웠습니다.

스코틀랜드 민요 '올드 랭 사인'이라는 곡에 우리말 가사를 붙인 노래였습니다. 상급생들은 이 노래를 부르면 일본 순사들에게 잡혀 간다며, 다른 사람이 듣는 데서는 절대로 부르지 말라고 했습니다.

　게다가 우리말로 된 가사를 끝까지 아는 사람이 아무도 없었습니다. 가사도 분명하지 않고 마음대로 부를 수도 없는 노래를 애국가로 부르던 것이었습니다.

　'우리에게도 떳떳이 부를 수 있는 애국가가 있었으면······.'

　익태의 마음속에 작은 소망이 생겼났습니다.

　1919년 3월 1일, 온 나라에 독립 만세 소리가 들끓었습니다. 수많은 사람들이 일본에게 뺏긴 나라를 되찾기 위해 경찰의 총칼 앞에 맨주먹으로 맞서다가 피를 흘리며 쓰러졌습니다. 감옥은 잡혀 온 독립 운동가로 만원이 되었습니다.

　4월 13일에는 독립 운동가들이 중국 상하이에 대한민국 임시 정부를 세웠습니다. 총칼로 조선인을 탄압하던 하세가와 총독은 물러나고, 사이토가 새 총독이 되었습니다. 사이토는 문화 정책이라는 사탕발림으로 민족의 정기를 쓰러뜨리려 들었습니다.

　그 무렵, 만주에서 광동 중학교를 세우고 교육을 통해 독립 운동을 해 나가던 강우규라는 독립 운동가가 있었습니다. 강우규 의사는 사이토 총독을 죽이기로 결심하고, 9월 2일 지금의 서울역인 남대문 역에서 폭탄을 던졌습니다. 하지만 뜻을 이루지 못하고 결국 체포되었습니다.

　나라 안팎이 이런 상황에 놓이자, 익태도 독립 운동에 나서기로 했습니다. 익태는 교회에 다니는 학생들과 함께 밤마다 기자능 숲 속에 모여서 무슨 일을 할 것인지 의논하였습니다.

　이들은 감옥을 습격하여 불을 지르고 독립 운동가들을 구해 내기로 결정했습니다. 익태는 탈옥시킨 독립 운동가들 중 나이가 많거나 몸이 불편한 사람들을 여관으로 안내하는 역할을 맡기로 했습니다.

　감옥 습격을 며칠 앞둔 어느 날이었습니다. 숲 속에 모여 의논하고 있는데, 별안간 요란한 호루라기 소리가 들려왔습니다.

　누군가가 밀고하는 바람에 일본 경찰과 헌병들이 들이닥쳤던 것입니다.

　익태는 삼엄한 포위망을 뚫고 달아났습니다. 익태가 헐레벌떡 뛰어든 곳은 교장 마우리 박사의 집이었습니다.

　마우리 박사는 익태의 얼굴과 손에서 피가 흐르고 있는 것을 보고는 깜짝 놀랐습니다.

　"누구와 싸웠나?"

　"저를 좀 숨겨 주세요. 경찰에게 쫓기고 있어요."

　마우리 박사는 더 이상 묻지 않고 숨겨 주었습니다. 다음 날

아침, 마우리 박사는 익태를 평양 기독 병원에 입원시켰습니다.

일주일이 지났습니다. 일본 경찰이 눈치채고 익태를 체포하러 왔습니다.

"익태가 무슨 일을 저질렀는지 나는 모릅니다. 법을 어겼다고 해도 그건 내가 알 바 아닙니다. 내가 아는 것은 익태는 환자이며, 아직 어린 학생이라는 사실입니다. 체포하려면 퇴원한 뒤, 병원 밖에서 하시오."

이런 일이 있을 줄 미리 짐작하고 있었던 마우리 박사는 침착하게 말했습니다. 일본 경찰은 할 말을 잊었습니다.

그날부터 일본 경찰은 병원을 감시하기 시작했습니다.

퇴원할 날이 가까워 오자 익태는 안절부절못했습니다. 익태는 하느님께 기도를 드렸습니다.

"저에게 큰 병을 내려 주십시오. 그래서 이 병원에 오래오래

머물게 해 주십시오. 그게 아니라면, 무사히 피할 수 있는 다른 길을 열어 주십시오."

익태는 두 손 모아 간절하게 기도했습니다.

그리고 마음을 달래기 위해 첼로로 찬송가를 연주했습니다.

그 때, 박성심 간호사가 찾아왔습니다.

익태는 전에 교회에서도 성심을 만난 적이 있었지만 이야기를 주고받은 일은 없었습니다.

"저는 삼일운동 때 많은 부상자들을 간호했어요. 익태 씨가 일본 경찰에게 쫓기다 부상당했다고 들었어요. 존경해요."

성심의 말은 익태에게 큰 위로가 되었습니다.

한편, 마우리 박사도 어떻게 하면 음악적 재능이 뛰어난 익태를 감옥에 보내지 않을 수 있을까, 고민하고 있었습니다.

마침내 마우리 박사는 한 가지 결심을 하고 경찰서로 고등계 주임을 찾아갔습니다.

"당신들은 내 어린 제자를 체포하여 감옥에 보내려고 하오. 하지만 나는 그렇게 할 수 없소. 내 제자에게 죄가 있다면, 선생인 내가 잘못 가르쳐서 그런 것이오. 차라리 나를 감옥에 가두어 주시오."

마우리 박사가 계속 말했습니다.

"나는 세상을 살만큼 살았소. 제자를 위해 대신 고생하는 것도 보람 있는 일이오."

마우리 박사의 두 눈에 눈물이 맺혔습니다.

"당신은 좋은 선생이오. 그러나 우리는 안익태 같은 녀석을 그냥 내버려 둘 수 없소. 우리에게 협력하는 선생을 내쫓겠다고 동맹 휴학을 했고, 감옥을 습격하려고 했단 말이오. 만약 당신이 익태를 평양에서 완전히 떠나게 설득한다면, 내가 일본으로 가도록 해 주겠소. 음악 공부를 한다니 일본으로 가는 게 그 녀석에게도 좋지 않겠소?"

고등계 주임은 이렇게 말했습니다.

마우리 박사는 그렇게 하기로 약속하고, 병원에 누워 있는 익태를 찾아갔습니다.

"너는 장래 이 나라와 민족을 위해 할 일이 많은 사람이다. 어린 몸으로 독립 운동을 하는 것도 장하지만, 그보다는 네 재능을 살려 세계적인 음악가가 되는 것이 더 크게 애국하는 길일 것이다."

마우리 박사는 익태에게 일본으로 음악 공부를 하러 떠날 것을 권했습니다.

"교장 선생님 말씀이라면 무엇이든지 따르겠습니다."
익태는 일본으로 떠나기로 맘 먹었습니다.

1919년 10월 6일.
익태는 평양 역에서 부산행 열차를 탔습니다.
기차가 출발한 지 5분쯤 지났을 무렵입니다. 박성심이 걸어와 익태의 맞은편 자리에 앉았습니다.
"어찌 된 일입니까?"
너무나 뜻밖의 일에 익태는 깜짝 놀랐습니다.
"전송하러 왔어요."
"그런데 어떻게 기차까지 탔는지요?"
"부산까지 함께 가려고요."
두 사람은 평양에서 부산까지 가는 열네 시간 동안 정다운 이야기를 주고받았습니다. 익태는 뒷날에도 평생 동안 그 때 일을 잊지 못했습니다.
부산 역에 내린 익태는 성심과 함께 부두를 향해 걸었습니다. 부두에는 일본으로 가는 관부연락선이 출발하기를 기다리고 있었습니다.
성심은 눈물을 흘리며 손가방을 열었습니다. 그리고 하얀 손수

건에 싸인 뭔가를 꺼내 익태 앞에 내밀었습니다.

"어디를 가든지 조국 땅을 잊지 말라는 뜻으로 고향의 흙 한 줌을 담아 왔어요."

성심이 내민 손수건에는 한 줌의 흙이 싸여 있었습니다.

"……."

익태는 맑은 눈물이 두 볼을 타고 내리는 성심의 얼굴만 쳐다볼 뿐 아무말도 못했습니다.

일본 음악 학교에서

관부연락선이 일본에 도착했습니다. 배에서 내린 익태는 도쿄행 기차를 타고 우에노 역에 도착했습니다. 큰형 익삼이 마중 나와 있었습니다.

큰형은 익태가 신주쿠에 있는 한 중학교에 들어갈 수 있게 알아봐 주었습니다. 그러나 익태는 일본말을 잘 못한다는 이유로 거절당했습니다.

익태가 일본의 중학교에 들어가는 것은 쉽지 않았습니다.

평양의 숭실 중학교는 기독교 학교라서 일본어를 가르치지 않았기 때문에, 익태는 일본말을 배울 기회가 없었던 것입니다.

익태는 할 수 없이 큰형에게 일본어를 배우기 시작했습니다.

이듬해인 1920년 4월, 익태는 도쿄의 한 중학교에 들어가기로 하고 교과서까지 샀습니다. 그런데 개학을 며칠 앞두고 입학 허가가 취소되었다는 통지서가 날아왔습니다. 평양에서 동맹 휴학을 주동하였고, 독립 운동을 하다가 추방된 학생이라는 경찰 통보를 받았다는 것이었습니다. 큰형이 찾아가서 아무리 사정을 해도 통하지 않았습니다.

"익태야, 음악 학원에 다니면서 바이올린과 첼로를 공부해라. 금방 학교에 들어가기는 어려울 것 같다."

큰형이 실망에 빠져 있는 익태를 달랬습니다.

익태는 밤낮을 가리지 않고 이를 악물고 연습했습니다.

일본에 온 지도 어느새 이 년이 되었습니다.

큰형은 익태를 도쿄의 세이소쿠 중학교로 데리고 가서 1학년 입학 시험을 치르게 했습니다.

"형님, 안 되겠어요. 거의 백지를 냈어요."

시험을 치르고 나온 익태는 얼굴을 붉히며 말했습니다. 그래도 큰형은 면접을 치르라고 했습니다.

"정말 이런 악기들을 연주할 수 있나?"

세이소쿠 중학교의 교장은 특기가 바이올린, 트럼펫, 첼로

연주라고 적힌 지원서를 유심히 살펴보다가 물었습니다.

"예."

익태가 대답했습니다.

"악기들을 가지고 내일 다시 와 보게."

교장이 말했습니다.

이튿날 다시 학교를 찾아간 익태는 교장과 음악 선생 앞에서 세 가지 악기를 차례로 연주했습니다.

"아주 뛰어난 재능을 가진 학생을 만나게 됐군."

교장은 익태의 어깨를 툭툭 쳐 주었습니다.

프랑스의 유명한 바이올리니스트인 쟈크 티보가 도쿄에서 연주회를 열었습니다.

입장료는 1원이었습니다. 큰형이 고향에 다니러 가는 바람에 혼자 남아 있던 익태에겐 연주회 표를 살 돈이 없었습니다.

일본의 억압이 점점 심해져 가면서 조선 사람들은 이루 말할 수 없을 정도로 시달림을 받았습니다. 익태네 여관도 수입이 좋지 않아서, 익태의 아버지는 학비도 제대로 보내지 못하고 있었습니다.

익태는 연주회가 끝날 때까지 극장 앞에서 서성이며 마음을 태울 뿐이었습니다.

연주회가 끝났는지 사람들이 몰려나왔습니다. 익태는 한 신사에게 다가갔습니다.

"티보의 독주 광경은 어땠어요? 어떤 곡목을 연주했나요?"

열망이 가득한 목소리로 이것 저것 물어보는 소년을 바라보던 신사가 목록을 건네 주며 말했습니다.

"음악 공부하는 고학생인 모양이군. 열심히 해서 훌륭한 음악가가 되게."

익태는 신사가 건넨 연주회 목록을 보면서 아쉬움을 달래야 했습니다.

1926년 4월, 중학교를 졸업한 익태는 도쿄 쿠니타치 국립 음악 학교에 입학했습니다.

그 학교에서 첼로를 가르치는 마이스텔 교수는 익태를 만나자마자 뛰어난 재능에 감탄해 수제자로 삼았습니다.

마이스텔 교수는 익태가 입학한 지 겨우 한 달만에 일본의 주요 도시를 순회하는 첼로 독주 여행을 떠나게 해 주었습니다.

첫 독주회는 오사카에서 열렸습니다. 많은 교포들이 모여들어 대성황을 이루었습니다.

교토 독주회 때는 시장이 나와서 축사를 했습니다.

익태는 이 독주회에서 번 돈으로 학비를 댈 수 있어서 무척 기뻤습니다.

1학년 여름방학도 익태에게 참으로 뜻깊었습니다. 조선 연주 여행에 나섰던 것입니다. 서울에서 연주를 마친 익태는 모교인 숭실 중학교에서도 특별 연주회를 가졌습니다.

스승인 마우리 박사는 훌륭한 음악가가 되어 찾아온 제자를 맞이하며 무척 기뻐했습니다.

1930년 3월.

25세의 청년 음악가 안익태는 쿠니타치 음악 학교 졸업식을 눈

앞에 두고 큰 고민에 빠졌습니다. 수업료를 내지 못해 졸업을 할 수 없다는 통고를 받은 것입니다.

익태는 졸업장을 받게 해 달라고 엎드려 기도했습니다.

다른 친구들의 졸업식이 끝난 며칠 후였습니다. 하숙집으로 엽서 한 장이 날아들었습니다. 익태 한 사람만을 위한 졸업식을 거행하기로 했다는 꿈 같은 내용이었습니다.

익태는 어리둥절해하며 학교로 달려갔습니다. 학교에선 안익태 한 사람을 위한 졸업식을 열어 주었습니다. 쿠니타치 음악 학교가 생기고 나서 처음 있는 일이었습니다.

익태가 졸업장을 받아들고 식장을 나올 때였습니다.

"익태 군, 한포오드 교수께서 자네 수업료를 내 주셨네. 감사드리게."

교무부장이 말했습니다.

이로부터 보름 뒤, 익태는 도쿄 청년 회관에서 첼로 독주회를 열었습니다. 졸업과 동시에 독주회를 갖는 것도 쿠니타치 음악 학교 역사상 최초의 일이었습니다. 일본의 음악가들은 이 독주회에 큰 관심을 가졌습니다.

익태는 슈트라우스의 기악 독주곡과 하이든의 협주곡을 연주했습니다. 반주는 오스트리아의 피아니스트인 라으트루프가 했습니다. 완벽에 가까운 연주에 청중들은 우레 같은 박수를 보냈습니다. 익태는 꿈을 꾸는 것 같았습니다.

연주회를 끝낸 익태는 그 해 5월에 평양의 집으로 돌아왔습니다. 익태는 고향에서 친척들과 옛 친구들을 만났습니다. 모두들 날로 심해져 가는 일본의 억압에 한숨만 쉬었습니다.

견디다 못해 많은 사람들이 조국을 버리고 만주나 시베리아로 떠나는 판이었습니다.

'이 나라가 어떻게 돼 가려나?'

익태는 한숨이 절로 나왔습니다.

일본 경찰은 익태가 숭실 중학교를 다닐 때 저지른 일 때문에 계속 미행했습니다. 교회에 나가 예배를 보는 동안에도 일본 경찰은 감시했습니다. 익태는 그런 줄도 모르고 친구들을 찾아다녔습니다.

그러다가 평양에서는 음악 활동도 자유롭게 할 수 없다는 것을 깨닫고, 익태는 다시 조국을 떠나기로 결심했습니다. 선생님과 선배들을 만나 의논하자 모두들 미국 유학을 권했습니다.

익태는 일본 유학 때부터 편지를 주고받으며 친하게 지내 온 선배 박원정에게 연락했습니다. 원정은 미국 오하이오 주에 있는 신시내티 음악 대학에서 성악 공부를 하고 있는 중이었습니다. 원정은 모든 수속을 밟아 놓을 테니 언제든지 오라고 했습니다. 익태는 유학 준비를 시작했습니다. 그러나 미국으로 떠나는 수속은 너무나 복잡하고 까다로웠습니다.

1930년 8월 8일, 익태는 다시 일본으로 건너갔습니다.

한 달 동안 도쿄에 머물면서 여행 준비를 끝냈습니다. 익태가 미국 유학을 떠난다는 소식을 전해 들은 쿠니타치 음악학교의 친구들이 송별회를 열어 주었습니다.

"미국은 인종 차별이 심하기 때문에 고생할 거야. 일본인이라고 말하면 좀 나은 대우를 받겠지."

"자네가 미국에서 공부를 한댔자 누가 알아 주겠는가? 결국 서양 사람들에게 설움만 당할 거야. 공부가 끝나면 일본으로 돌아와서 활동하는 게 좋을 거야."

일본인 친구들은 격려하는 척하면서 익태의 자존심을 건드렸습니다.

"여러분의 우정에 감사드립니다. 힘껏 노력하여 런던 심포니를 지휘하고 오겠습니다."

익태는 친구들에게 가시 돋친 한마디를 내뱉었습니다. 런던 심포니 오케스트라는 그 때나 지금이나 세계 최고를 자랑하는 교향악단입니다.

"꿈은 크군. 하지만 그런 기회가 올 때까지 자네가 살 수 있을까? 하하하."

런던 교향악단을 지휘하겠다는 익태의 말에 친구들은 이렇게 빈정거렸습니다.

"나는 익태라면 언젠가 반드시 런던 심포니를 지휘할 것으로 확신하네."

하나마루라는 친구만 이렇게 말했습니다.

더 넓은 세계로

익태는 요코하마 항에서 미국 여객선 제퍼슨호에 올랐습니다.
익태가 들어간 삼등실에 타고 있는 사람들은 대부분 중국인 노동자들이었습니다. 그들은 오랫동안 몸을 씻지 못해 지저분하기 짝이 없었고, 얼마나 오랫동안 입었는지 옷에서는 역한 냄새가 풍겼습니다.

배에 탄 지 며칠이 안 돼 폭풍우가 몰아쳤습니다. 지독한 배 멀미로 똥물까지 토해 낸 익태는 도무지 몸을 가눌 수 없었습니다.

그러면서도 익태는 틈만 나면 갑판 위로 올라가 첼로 연습을 했습니다.

지루한 여행 중에도 기독교인들은 일요일마다 일등 선실에 모여 예배를 드렸습니다. 참석자는 서른 명 정도였는데, 동양인은 익태 혼자였습니다.

설교는 여행 중인 목사가 맡았습니다. 익태는 영어가 서툴러서 알아들을 수가 없었습니다. 그러나 찬송가는 따라 부를 수 있었습니다.

"언젠가 갑판 위에서 당신이 켜는 첼로 소리를 들은 적이 있는데, 여기 모인 사람들을 위해 연주를 해 줄 수 있겠어요?"

예배를 끝내고 밖으로 나가려는데, 은테 안경을 쓴 금발의 부인이 말을 걸었습니다.

"좋습니다."

익태는 쾌히 승낙했습니다.

"나는 한국에서 온 안익태입니다. 미국 오하이오 주 신시내티 음악 대학으로 공부하러 가는 중입니다."

익태는 서투른 영어로 자기를 소개하고는 '빛으로 인도하소서' 라는 찬송가를 연주하였습니다.

연주가 끝나자, 숨소리조차 내지 않던 청중들은 큰 박수를 쏟아 냈습니다.

목사는 익태에게 자기 침실에서 함께 지내자고 했습니다.

다음 일요일 예배 때였습니다. 목사는 예배 순서에 특별히 익태의 첼로 연주를 넣었습니다. 동양인이 켜는 첼로 연주를 들어 보겠다고 신자 아닌 사람들까지 모여들었습니다.

목사는 예배가 끝나자 안익태 돕기 특별 모금을 제안했습니다. 신도들은 출입구에 마련된 함에다 저마다 성금을 넣었습니다. 성금이 자그마치 3백 달러나 모였습니다. 익태는 감격의 눈물을 흘리며 그 돈을 받았습니다.

목사는 여행하는 동안 익태에게 영어 회화도 가르쳐 주었습니다.

제퍼슨호는 요코하마 항을 떠난 지 10일만에 하와이의 호놀룰루에 닿았고, 다시 7일 뒤에는 미국 서부의 아름다운 항구 도시 샌프란시스코에 도착했습니다.

배에서 내린 익태는 세관의 검사를 거쳐, 전염병을 예방하는 일을 하는 방역관 앞에 나섰습니다. 방역관은 익태가 안고 있는 첼로를 가리키며 소독을 해야 한다고 했습니다.

"아니, 악기를 어떻게 하려는 거요! 소독을 하면 첼로를 못 쓰게 만들 수도 있어요."

익태가 계속 항의하자, 경찰이 나타났습니다. 경찰은 업무 집행 방해죄를 저질렀다면서 익태를 조그만 통통배에 옮겨 타게 했습니다. 익태가 끌려간 곳은 섬에 있는 감옥이었습니다.

익태는 미국에서의 첫날밤을 수용소 감방의 마룻바닥에서 뜬눈으로 새워야 했습니다. 같은 감방에 수용된 여덟 명 가운데 여섯 사람은 동양인 노동자들이었습니다.

한여름 감방 안은 무덥고 지저분한 데다가 이상야릇한 냄새가 났습니다. 익태는 앞날이 어떻게 될 것인지 걱정하다가 하느님에게 기도를 드렸습니다.

기도를 끝낸 뒤, 익태는 간수에게 물었습니다.

"내 첼로를 좀 가져다 줄 수 없습니까?"

"악기를 감방에 들여보내는 건 금지되어 있지만, 소장님에게 특별히 말씀드려 보지요."

간수는 얼마 뒤에 첼로를 들고 왔습니다. 감방 안에 무표정하게 쪼그리고 앉아 있던 사람들이 모두 신기한 눈초리로 바라보았습니다.

익태는 조용히 첼로를 연주하기 시작했습니다. 그러자 착잡하던 마음이 가라앉았습니다. 간수 한 명이 문 앞에 다가와 눈을 지그시 감고 서서 들었습니다. 익태는 불안한 마음에 잠시 연주를 멈추었습니다.

"계속하시오. 참 아름답습니다."

간수가 말했습니다.

익태는 안도의 숨을 내쉬면서 또 한 곡을 켜기 시작했습니다.

옆방에서 떠들썩하던 소리도 잠잠해졌습니다. 익태는 서너 곡을 연달아 연주했습니다.

이튿날 아침이었습니다. 전날에 첼로를 갖다 주었던 간수가 찾아왔습니다.

"나는 리처드 잭슨이오. 어젯밤에 당신이 들려 준 첼로 연주에 감동했소. 세관과 이민청에 물어보니 당신은 별다른 죄를 짓지

않았더군요. 당신이 소란을 피웠다는 것도 말이 잘 통하지 않아서 그렇게 된 것이니 크게 잘못한 건 없소. 내가 당신의 보증인이 되어 석방시키기로 했어요."

잭슨은 뜻밖에도 익태를 형제처럼 따뜻하게 감싸 주었습니다. 두 사람은 함께 수용소 식당에서 아침을 먹고 소장실로 갔습니다. 거기서 익태는 또 한 번 놀랐습니다. 모두들 싱글벙글 웃으면서 악수를 청하였기 때문입니다.

"하룻밤이나마 고생을 시켜 미안합니다. 사람들이 하는 일에는 언제나 실수가 있게 마련이니, 너무 나쁘게만 생각하지 마시오."

소장이 석방을 선언했습니다.

잭슨은 따뜻한 눈길로 익태를 바라보았습니다. 잭슨과 함께 소장실을 나오려는데 간수가 불렀습니다.

"이것 받으시오. 우리들의 선물이오."

소장이 봉투 하나를 내밀었습니다. 그걸 받아 뜯어 보니 10달러가 들어 있었습니다. 간수들은 익태의 첼로 연주에 감동하여 성금을 거뒀던 것입니다.

잭슨은 익태를 자기 집에 데리고 가 하룻밤을 편히 쉬게 해 주었습니다.

샌프란시스코에 도착한 익태는 그가 다니던 평양 교회의 목사가 소개한 한인 교회를 찾기 시작했습니다. 정확한 주소를 몰랐기 때문에 찾는 일이 쉽지 않았습니다. 게다가 힘들게 찾아 낸 한인 교회는 너무나 초라했습니다.

"어디서 오셨어요?"

교회로 들어가자 금테 안경을 낀 오십대의 신사가 다가와 한국

말로 물었습니다.

"저는 평양에서 온 안익태입니다. 황 목사님이십니까?"

"그렇습니다. 기다리고 있었습니다. 들어오십시오."

그리고 황 목사는 마침 일요일이라서 예배가 오후에 있다고 했습니다.

예배에 참석한 신도는 서른 명 정도였는데, 한복을 입고 나온 부인들이 많았습니다.

황 목사가 익태를 소개하자, 모두들 박수로 환영했습니다.

예배가 끝난 뒤였습니다.

동해물과 백두산이 마르고 닳도록,
하느님이 보우하사 우리나라 만세,
무궁화 삼천리 화려 강산,
대한 사람 대한으로 길이 보전하세.

모두들 일어서서 애국가를 불렀습니다.

익태는 비로소 애국가 가사를 제대로 들을 수 있었습니다. 순간, 눈물이 핑 돌았습니다. 사람들은 이, 삼, 사절을 계속 불렀습니다. 그러나 스코틀랜드 민요인 '올드 랭 사인'에 가사만 실은 노래였습니다.

'내가 우리 애국가를 작곡해야겠다.'

익태가 우리 애국가를 직접 작곡하기로 결심한 것은 그 때부터였습니다.

예배가 끝난 뒤 간단한 다과회를 열었습니다. 교인들은 아무도 돌아가지 않고 참석했습니다.

"안 선생, 조국과 일본에서 첼로 연주회를 많이 가졌다고 하셨지요? 우리 신도들을 위해 한 곡 연주해 주실 수 없을까요?"

황 목사가 정중히 청했습니다.

익태는 '올드 랭 사인'을 연주했습니다. 교인들은 첼로 선율에 맞춰 다시 한 번 힘차게 애국가를 불렀습니다.

"여러분, 안 선생은 신시내티 음악 대학으로 공부를 하러 왔답니다. 오늘의 모임을 빛내 준 조국의 음악가 안 선생을 위해 특별 모금을 하는 게 어떻겠습니까?"

한 노인이 모자를 벗어 들며 말했습니다.

익태는 부끄러웠지만 머리를 숙이고 지켜보고 있었습니다. 교인들은 67달러 30센트를 거둬 주었습니다.

"오늘 처음으로 애국가 가사를 제대로 들었습니다. 가사는 누가 지은 겁니까?"

익태가 물었습니다.

"글쎄, 그게 정확하게 누구라고는 말씀드리기가 어렵습니다. 어떤 사람은 안창호 선생이 이틀 동안 금식 기도를 하고 지었다고도 하고, 또 어떤 사람은 윤치호 선생이 지어 독립문을 세울 때 처음 불렸다고도 하더군요. 또 민영환 선생이 지었다는

사람도 있고……."

황 목사가 대답했습니다.

"목사님, 제가 이 가사에 어울리는 곡을 만들어 보고 싶습니다. 얼마나 오래 걸릴지는 모르지만, 꼭 만들고 싶습니다."

"아주 좋은 생각입니다. 꼭 좋은 곡을 지어 주세요."

황 목사는 익태의 손을 잡으며 매우 기뻐했습니다.

이튿날 아침, 익태는 황 목사의 차를 타고 샌프란시스코 역으로 갔습니다.

　익태가 기차에 오르려고 할 때, 황 목사가 안주머니에서 만년필을 하나 뽑았습니다.

　"내가 드리는 선물입니다. 이 만년필로 꼭 훌륭한 애국가를 작곡해 주십시오."

　익태는 황 목사의 선물을 받으면서 몇 번이나 고개를 끄덕였습니다.

화려한 데뷔

기차가 신시내티 역에 도착했습니다.

박원정 선배가 익태를 기다리고 있었습니다. 원정은 신시내티 음악 대학에 유학 중이었습니다.

원정은 익태를 기숙사로 안내했습니다. 원정이 이미 입학 수속을 다해 놓아서, 익태는 바로 기숙사에 입주할 수 있었습니다.

익태의 지도 교수는 독일 출신 첼리스트인 하인리히 벨크마이스터였습니다. 벨크마이스터 교수는 익태의 천재성을 한눈에 알아보고 개인 교수를 해 주겠다고 나섰습니다.

익태는 신시내티 교향악단의 단원들이 거의 이 음대 출신이라

는 것을 알고 매우 만족했습니다.

'나도 언젠가는 신시내티 교향악단 단원이 되고 말 거야.'

익태는 굳게 결심했습니다.

그런데 익태가 미국 유학을 시작한 그 해부터 미국에서 무서운 불경기가 시작되었습니다. 제1차 세계대전이 몰고 온 불경기였습니다.

학비가 떨어져서 익태는 스스로 돈을 벌어야 했습니다.

익태는 식당에서 첼로를 연주하는 아르바이트를 하게 되었습니다. 식당은 크지 않았지만 유태인 교회에 딸린 것이어서 고정 손님들이 많았습니다. 손님들은 익태가 연주하는 고전 음악을 아주 좋아했습니다.

익태는 일주일에 10달러에서 15달러 정도를 벌었습니다.

1932년 1월, 아르바이트를 하면서도 열심히 공부한 익태는 신시내티 교향악단의 제1첼리스트로 뽑혔습니다.

익태는 아르바이트를 그만둬야 했지만, 오케스트라에서 나오는 수입만으로는 학비를 댈 수 없어 곤란한 처지에 놓이게 되었습니다.

익태의 사정을 알게 된 식당 관리인은 2백 달러를 협조해 주면서 유태인 교회 순회 연주를 권했습니다. 유태인 식당 관리자는

망설이는 익태에게 말했습니다.

"지방의 교회를 중심으로 순회 연주하는 것이니 고정 청중도 많이 있을 거예요."

익태는 봄방학에 연주 여행을 떠나기로 했습니다.

지방으로 연주 여행에 나서기 전날 밤, 익태는 신시내티 공회당에서 연주회를 가졌습니다.

봄비가 꽤 많이 내렸는데도 1천 4백여 관중석이 가득 찼습니다. 연주회는 대성공이었고, 익태는 자신감을 가질 수 있게 되었습니다.

이튿날, 익태는 피아노 반주자와 둘이서 시카고행 기차에 올랐습니다.

첫 연주회는 시카고의 미시간 호수 근처에 있는 고등학교 강당에서 열렸습니다. 8백 명이 넘는 관중이 모였습니다. 동양의 젊은이가 첼로를 연주한다는 말을 듣고 호기심에서 나온 청중들이 대부분이었습니다.

휴식 시간에 주최측에서 모금함을 돌렸는데 모두 흐뭇한 마음으로 모금함에 돈을 넣었습니다.

같은 날 밤, 익태는 링컨 공원 근처의 호텔에서 2차 연주회를 가졌습니다. 2차 연주회는 특별히 귀빈들을 위한 첼로 독주회였습니다.

두 차례의 연주회에서 거둔 수입은 1천 달러가 넘었습니다.

뉴욕 연주회는 카네기 홀에서 열렸습니다. 입장료는 보통석이 1달러, 특별석이 5달러였습니다.

익태는 연주회장에 들어서다가 '동양인 첼리스트 안익태 독주회'라는 커다란 현수막을 보았습니다. 익태는 자신이 한국인이라는 것을 알리고 싶은 마음에서 말했습니다.

"저기 동양인이라고 씌어진 부분을 한국인이라고 고쳐 주실 수 없겠습니까?"

카네기 홀에서는 익태의 요구를 기꺼이 받아들였습니다.

뉴욕의 유명한 신문 중의 하나인 헤럴드 트리뷴 지는 익태의 카네기 홀 연주를 이렇게 평했습니다.

> 날카롭고 명석한 연주였다. 화려한 곡의 해석은
> 거장의 영역을 파고드는 의욕적인 것이었다.

또, 필라델피아의 연주회에서는 이런 평을 받았습니다.

> 첼로의 진수를 드러내 주는 섬세한 기교와
> 독창적인 해석이 돋보이는 연주였다.

리치먼드에서는 시내에서 제법 떨어진 주립 대학 대강당에서 연주회가 열렸는데도 청중들은 강당을 가득 메우고 앙코르를 외쳤습니다.

유명한 지휘자인 유진 쿠센스도 익태의 연주를 크게 칭찬했습니다. 바이올리니스트인 짐벌리스트는 직접 찾아와 익태를 격려했습니다.

큰 기대 없이 떠났던 순회 공연은 예상을 뛰어넘는 성공을 거두었습니다.

익태는 청중들의 환호성을 들을 때마다 조국의 어두운 현실이 떠오르며 눈앞이 흐려졌습니다.

익태는 순회 연주회를 통해 수많은 팬을 얻었습니다.

그 때만 해도 미국의 백인들은 유색 인종을 무시하는 태도에서 벗어나지 못하고 있었습니다.

그러나 익태의 멋진 연주에 감동을 받은 팬들은 동양의 작은 나라에서 온 익태를 열렬히 환영했습니다.

익태는 성공적인 미국 순회 연주회를 통해 고전 음악의 본고장인 유럽으로 갈 수 있는 터전을 닦았습니다.

순회 공연에서 돌아온 익태는 교회 성가대의 지휘자로 일하게 되었습니다.

익태는 일주일에 세 번씩 교향악단에 나가서 연습을 하고, 나머지 시간에는 성가대 지휘와 개인적으로 학생을 지도하는 등 눈코 뜰 새 없을 정도로 바쁜 시간을 보냈습니다.

아직 음악 대학 학생이었지만, 익태는 이미 일류 음악가의 대우를 받고 있었습니다.

'한국환상곡'은 작곡했지만

익태는 더 넓고 깊은 음악 세계에 뜻을 두기 시작했습니다.
"첼로를 그만두고, 작곡과 지휘법을 공부하고 싶어요."
익태가 원정에게 말했습니다.
"그러고 보니 자네에겐 작곡이 더 어울릴 것도 같네. 하지만 작곡가나 지휘자가 되려면, 먼저 음악의 기초 이론과 여러 가지 악기에 관해 알고 있어야 하는 거 아닌가? 위대한 지휘자나 작곡가는 하나같이 훌륭한 연주가들이었네. 첼로를 포기하지는 말게."
원정은 조심스럽게 조언했습니다.

 1932년 7월, 지휘자가 되겠다고 결심한 익태는 신시내티 음대 2학년을 마치고 세계적으로 유명한 필라델피아 음악 대학으로 전학했습니다.
 그 해 9월부터 익태는 교향악을 전공하면서 작곡 공부를 시작했습니다.
 미타엘 교수는 익태의 재능을 한눈에 인정하고 남다른 애정을 쏟았습니다. 미타엘 교수는 독립 기념관 앞의 잔디밭을 거닐면

　서 익태에게 위대한 작품의 배경이나 유명한 지휘자들의 이야기들을 들려 주었습니다.
　1935년 9월부터 익태는 커티스 음악 대학에도 나갔습니다. 커티스에는 헝가리 출신의 유명한 지휘법 교수인 프리츠 라이너 박사가 있었습니다.

익태는 라이너 교수에게 애국가를 작곡하고 싶다고 말했습니다.

"쉽지는 않을 텐데……. 조국의 애국가를 작곡하겠다고?"

"예, 몇 년 전에 시작했는데 아직 완성을 못하고 있습니다. '한국환상곡'이라는 제목을 붙였는데, 그 마지막 부분에 합창을 넣을까 합니다."

"좋은 생각이야. 자넨 틀림없이 좋은 곡을 완성해 낼 수 있을 걸세."

라이너 교수는 진심으로 익태를 격려했습니다.

익태는 그 무렵 일요일마다 필라델피아 근처의 캠덴 교회에서 성가대를 지휘하고 있었습니다. 미국 교회들은 성가대 활동을 설교 못지않게 중요하게 여기는 전통을 지니고 있었기 때문에 지휘자에 대한 대우도 좋았습니다.

필라델피아 교향악단의 상임 지휘자인 스토코프스키가 캠덴 교회로 찾아와 익태가 지휘하는 모습을 유심히 살펴보았습니다. 그런 다음, 익태에게 자기가 지휘하는 필라델피아 교향악단의 단원으로 들어올 것을 권했습니다.

익태는 그의 권유를 기쁘게 받아들였습니다. 익태는 동양인 최초의 필라델피아 교향악단의 단원이 되었습니다.

익태는 음악 대학 졸업을 석 달 앞두고 필라델피아 은행 클럽

으로부터 첼로 독주회를 해 달라는 초청을 받았습니다.

그날 밤, 연주를 마치고 연주회장을 나가려 할 때 누군가가 익태를 불렀습니다. 하숙집 이웃에 사는 파이블스 씨였습니다.

"우리 집에서 자네를 위해 만찬회를 가질까 하네. 꼭 와 주기 바라네."

파이블스 씨가 부드러운 목소리로 청했습니다.

이튿날 밤, 익태는 파이블스 씨 집에서 첼로 독주회를 가졌습니다. 연주가 끝나자, 파이블스 씨가 고급 손목시계를 선물로 주며 말했습니다.

"훌륭한 연주였네. 어려운 일 있으면 서슴치 말고 의논하게. 힘껏 돕겠네."

1935년 7월 10일, 익태는 필라델피아 음악 대학을 우수한 성적으로 졸업하였습니다. 교회와 식당 등에서 일하면서 어렵게 딴 학위였습니다.

익태는 졸업 뒤에도 작곡과 지휘법 공부, 그리고 '한국환상곡' 작곡에 골몰했습니다. 새벽 5시경에 일어나서 첼로를 연습하고, 밤에는 바이올린을 연습했습니다.

마침내 1936년 '한국환상곡'을 완성하여 콩쿠르에 응모했습니다.

익태는 '한국환상곡'의 지휘를 연습하며 입선 통지서가 오기를 손꼽아 기다렸습니다.

그 사이에 하숙집 주인 아주머니가 여러 번 찾아와 밀린 방세를 내라고 독촉했습니다.

"다른 사람에게 방을 내주기로 했으니, 다음 주 안으로 비워 주세요."

"죄송하지만 한 달만 더 기다려 주세요."

익태가 애원했지만, 아주머니는 고개를 가로저었습니다.

며칠 뒤, 익태에게 전보가 도착했습니다.

'한국환상곡'이 예선을 통과했으니 뉴욕으로 와서 곡을 지휘하라는 통지서였습니다. 익태는 자기도 모르게 아주머니에게 말했습니다.

"아주머니, 카네기 홀에서 제 곡을 지휘하게 됐어요. 이젠 모든 게 다 잘 풀릴 거예요."

"그게 나하고 무슨 상관이에요. 난 밀린 하숙비를 받으면 그만인데……."

익태는 밖으로 나와 파이블스 씨

집을 찾아갔습니다. 파이블스 씨 가족은 축하와 격려를 아끼지 않았습니다.

"미스터 안이 지휘할 때 우리도 뉴욕에 가서 격려해 줍시다."

파이블스 씨가 가족에게 말했습니다.

익태는 하숙방으로 돌아와 뉴욕 여행 준비를 시작했습니다. 그런데 주인 아주머니가 익태의 방으로 들어왔습니다.

"더 기다릴 수 없으니, 오늘밤에 짐을 옮겨 줘야겠어요."

익태는 할 수 없이 짐을 꾸려야 했습니다.

짐을 다 꾸리자, 주인 아주머니는 밀린 방세를 한 달 안에 갚으라고 했습니다. 익태는 그렇게 1년 3개월 동안 살던 방에서 쫓겨났습니다.

길가에 내놓은 가방과 첼로 케이스, 책상, 의자 앞에서 익태는 우두커니 서 있었습니다. 여름 밤이라 거리에는 오가는 사람들이 많았습니다.

'어디로 가야 하나?'

파이블스 씨의 딸인 메리가 우연히 익태의 모습을 보게 되었습니다.

"이게 어찌 된 일이에요?"

익태는 할 수 없이 자기의 사정을 말해 주었습니다.

파이블스 씨 집 식구들이 몰려왔습니다.

"세상에 이런 형편인 줄은 정말 몰랐어요. 염려 말고 우리 집에 머물러요."

익태의 사정을 들은 파이블스 씨 부부가 말했습니다.

"밀린 숙박비는 내가 대신 갚아 주겠네. 내가 자네 음악에 투자하는 것이니 조금도 부담스러워 말고 음악으로 성공하여 갚도록 하게."

마침내 콩쿠르 입상작 연주회 날이 다가왔습니다. 익태의 머릿속에는 '한국환상곡'을 멋지게 지휘하겠다는 생각뿐이었습니다.

콩쿠르 연주회는 오후 3시부터 시작될 예정이었습니다. 익태는 준비실로 가서 연주회 목록을 받아 보았습니다. 다섯 번째 순서로 안익태의 '한국환상곡'이 실려 있었습니다. 입선자는 모두 일곱 명이었는데 익태를 제외하고는 전부 미국인이었습니다.

막이 올랐습니다. 요란한 박수 소리가 울려퍼졌습니다.

드디어 익태 차례가 왔습니다. 단상에 올라섰습니다.

귀빈석에 앉은 메리와 파이블스 씨 부부도 간절한 마음으로 익태의 지휘를 지켜보고 있었습니다.

익태는 가슴이 설레었습니다. 악보를 지휘대 위에 펴 놓고, 팔

십여 명의 뉴욕 교향악단 단원들을 바라보았습니다.

그런데 이상했습니다. 단원들이 연주할 생각은 않고 잡담만 하고 있었습니다. 익태는 지휘봉으로 강한 신호를 보냈습니다. 그제야 허둥지둥 악기를 집어들기 시작했습니다. 단원들이 지휘자를 깔보고 있는 게 분명했습니다. 익태는 그들이 괘씸했지만 꾹 참고 연주를 시작하겠다는 신호를 보냈습니다.

연주가 시작되었어도, 일부 단원들은 지휘를 무시하고 제멋대로 연주했습니다. 익태는 더 힘껏 지휘봉을 휘둘렀습니다. 그러나 연주가 계속될수록 불협화음이 심해졌습니다. 관악기들은 숫제 엉뚱한 소리를 내고 있었습니다.

익태는 그들이 의도적으로 자기를 떨어뜨리려 한다는 걸 깨달았습니다. 화가 머리끝까지 치밀어 올랐습니다.

이런 모욕을 받고 지휘를 계속한다는 것은 신성한 음악을 모독하는 것이란 생각이 들었습니다.

익태는 지휘봉으로 악보대를 세차게 내려치며 소리를 질렀습니다.

"무슨 이따위 연주가 다 있소. 이러고도 당신들이 음악가란 말이오!"

익태는 지휘봉을 두 동강 내어 던져 버리고 말았습니다.

주최측은 크게 당황했습니다.

"계속 연주해요!"

"단원들은 정신차려서 제대로 연주해라!"

"브라보, 안익태!"

관중석에서 격려의 함성이 터져 나왔습니다. 그러나 익태는 무대를 내려왔습니다. 주최측이 계속 연주할 것을 간청했으나 익태는 완강히 거절했습니다.

단원들은 난처한 표정들을 짓고 목석처럼 앉아 있었습니다.

연주회장에서 나온 파이블스 씨 가족이 익태를 격려해 주었습니다.

"'한국환상곡'은 낙선한 것이 아니라, 낙선 당한 거예요."

메리가 흥분을 참지 못하며 말했습니다.

파이블스 씨는 익태가 보인 태도가 떳떳했다고 격려했습니다.

"안 군, 잘한 거야. 음악인이라는 사람들이 부끄러운 줄도 모르고 그게 무슨 짓이야?"

파이블스 부인도 차분하게 익태를 위로했습니다.

"낙심하지 말아요. 안 군의 음악은 훌륭해요. 어설픈 음악가들이 아직 안 군을 제대로 이해하지 못하고 있지만, 때가 오면 빛을 발할 거예요."

파이블스 씨가 말했습니다.

"유럽으로 건너가도록 하게. 내가 도와주겠네. 아내와 이미 합의했으니, 유럽에 가서 더 공부하고 미국으로 돌아와 자네 뜻을 마음껏 펼쳐 보게."

그리하여 익태는 음악의 본고장인 유럽으로 떠나게 되었습니다.

1936년 4월 8일, 31세가 된 익태는 뉴욕 맨해튼의 부둣가를 서성이고 있었습니다. 메리가 배 표와 선물이 담긴 손가방을 건넸습니다.

거대한 여객선 루스벨트호가 떠나기 바로 전까지 익태와 메리는 부두의 벤치에 앉아 있었습니다.

마침내 출항을 알리는 고동 소리가 울려퍼졌습니다.

익태는 자리에서 일어났습니다.

루스벨트호는 허드슨 강을 따라서 바다를 향해 천천히 내려갔습니다.

아아, '한국환상곡' 초연

뉴욕을 떠난 루스벨트호는 긴 항해 끝에 독일의 함부르크 항에 도착했습니다. 마침내 음악의 본고장인 유럽 땅에 첫발을 디딘 것입니다. 안익태는 함부르크에서 하룻밤을 쉬고 독일의 수도인 베를린행 기차를 탔습니다.

베를린에 도착한 익태는 시내의 번화가에 숙소를 정했습니다.

그 무렵 독일은 일본과 동맹을 맺은 관계여서 거리에서 일장기나 일본 문화를 소개하는 포스터를 보는 것은 흔한 일이었습니다. 친구가 된 독일 음악가들도 처음에는 익태를 일본 사람으로 여겼습니다.

그러나 독일 말에 어느 정도 익숙해지자 익태는 독일 친구들에게 우리나라의 역사와 문화를 설명해 주면서 이해시키려고 애썼습니다.

독일로 유학 온 많은 일본 학생들은 그들의 국경일이나 명절 때마다 한 자리에 모여 일본의 국가인 '기미가요'를 부르며 자기네 나라를 찬양했습니다.

그러나 한국 학생들은 그 수도 적고, 자주 모일 수도 없었습니다. 모인다고 해도 국가는커녕 한숨만 쉬다가 헤어지기 일쑤였습니다.

익태는 우리 민족의 정기를 불러일으키는 노래를 어서 만들어야겠다고 생각했습니다. 익태는 쉽게 부를 수 있으면서도 장중한 애국가를 하루 빨리 만들고 싶었습니다.

동해물과 백두산이 마르고 닳도록,
하느님이 보우하사 우리나라 만세,

여기까지는 쉽게 진행됐습니다. 그러나 그 다음부터가 어려웠습니다.

1936년 6월의 이른 아침이었습니다. 익태는 어떤 가락이 귓전

을 스쳐가는 꿈을 꾸다가, 눈을 떴습니다. 익태는 곧바로 책상 앞에 앉아 그 가락을 오선지 위에 옮기기 시작했습니다.

무궁화 삼천리 화려 강산,
대한 사람 대한으로 길이 보전하세.

애국가는 이렇게 완성되었습니다. 익태는 오랫동안 생각해 온 대로 '한국환상곡' 끝 악장의 합창 부분에다 애국가를 붙여 넣었습니다.

익태는 악보를 정리하여 편지와 함께 샌프란시스코에 있는 대한국민회로 보냈습니다.

익태가 보낸 애국가 악보를 본 대한국민회 사람들은 한인 교회에서 기념 음악회를 열었습니다. 황 목사 부인이 피아노를 쳤고, 황 목사가 선창하면 교포들이 따라 불렀습니다.

교포들이 널리 읽던 우리말 신문인 새한민보에도 곡과 가사가 실렸습니다. 애국가는 미국의 교포들과 유학생들에게 서서히 알려지기 시작했습니다.

대한국민회는 악보를 출판하여 중국 상하이에 있는 대한민국 임시 정부에 보냈습니다.

익태는 유럽 여러 나라에 유학 중인 한국 학생들의 주소를 알아 내어 악보를 보내 주었습니다.

제2차 세계대전이 한창이던 1942년, 미국은 한국과 일본 등 태평양 지역을 향해 방송을 시작했습니다. '새 동아의 빛'이라 불리는 방송이었습니다. 이 방송국에서 한국어 방송을 맡아 일하던 황성수는 방송을 시작하기 전에 꼭 애국가를 내보냈습니다.

그러나 우리나라에선 애국가가 있는지 없는지조차 모르고 있었습니다.

애국가가 우리나라에 소개된 것은 해방이 되고 나서 미국, 중국 등으로 망명했던 독립 운동가들이 돌아오면서부터였습니다. 그리고 정부 수립 이후 1948년에 애국가는 대한민국 국가로 정해졌습니다.

1936년 9월, 안익태는 서양 음악의 중심지였던 오스트리아의 수도 빈으로 갔습니다.

오스트리아는 알프스 동쪽에 있는 작은 나라인데, 그 무렵 독일의 지배를 받고 있었습니다.

도나우 강이 유유히 흐르는, 그림처럼 아름다운 도시 빈에는 화려한 음악당과 오페라 하우스들이 많았습니다.

익태는 베를린 음악 학교의 마이켈 교수가 써 준 추천서를 가지고 펠릭스 바인가르트너를 찾아갔습니다.

이름난 작곡가이자 명지휘자인 바인가르트너는 익태를 반갑게 맞았습니다. 익태는 바인가르트너에게 베토벤의 음악을 배웠습니다.

뒷날 익태가 베토벤 해석가로 세계에 이름을 떨치게 된 것도 바인가르트너를 모시고 공부한 덕분이었습니다.

1937년 2월, 익태는 헝가리로 옮겼습니다.

헝가리에서 익태는 피아니스트이며 작곡가인 프란츠 리스트가 창설한 국립 음악 학교의 작곡과 특별 연구생이 되었습니다. 그리고 졸탄 코다이 교수에게 작곡법을 배우면서, 어네스트 도나니 교수에게서 지휘법도 배웠습니다.

코다이 교수로부터 많은 가르침을 받은 익태는 완성시켰던 '한국환상곡'에 특유의 우리 가락을 다시 손질하여 아기자기하게 만들었습니다.

익태가 그 뒤 작곡한 교향시 '강천성악'과 '의기 논개', '흰 백합화' 등의 작품도 코다이 작곡법의 영향을 받았습니다.

"나는 자네의 조국 한국에 가서 '한국환상곡'을 지휘하고 싶네. 그러기 위해선 먼저 두 가지가 이루어져야겠지. 자네 조국의 독립과 자네가 만든 교향악단 말이야."

익태가 헝가리의 부다페스트를 떠날 때 코다이 교수는 이렇게 말했습니다. 익태는 이 말을 마음속 깊이 간직하며 스승에게 감사했습니다.

1938년 3월, 익태는 뉴욕에서 사귄 음악가 찰스 오코넬의 초청을 받아 아일랜드에 갔습니다. 그는 더블린 국립 교향악단의 지배인이었습니다.

오코넬은 익태가 뉴욕 카네기 홀에서 겪은 수모를 알고 있는 음악가였습니다.

아일랜드 수도인 더블린에 도착한 익태는 오코넬 부부의 뜨거운 환영을 받았습니다. 오코넬 부부는 익태를 위해 만찬회를 베풀었습니다. 그 자리에는 더블린 국립 교향악단의 주요 단원들도 참석했습니다.

교향악단의 객원 지휘를 하게 된 익태는 무슨 곡을 연주할까 생각하다가 '한국환상곡'을 선택했습니다.

더블린 교향악단과 일주일 동안 연습을 하고, '한국환상곡'은 유럽의 약소 국가인 아일랜드의 수도에서 처음으로 연주되었습니다.

'한국환상곡'은 일본의 억압에 신음하던 우리 민족이 자유와 해방의 그 날을 기다리는 심정을 그린 교향곡입니다.

연주가 끝나자, 우레 같은 박수 갈채가 쏟아지면서 수많은 꽃송이들이 무대 위로 마구 날아들었습니다.

마지막 악장의 애국가 합창은 우리말로 부르게 했습니다. 그 뒤에도 익태는 어느 나라에서 연주하든지 이 합창 부분은 반드시 우리말로 부르게 했습니다.

슈트라우스의 제자가 되다

화사한 봄날 아침이었습니다.

익태는 그날도 리하르트 슈트라우스 저택으로 발걸음을 옮겼습니다.

익태는 '한국환상곡'을 슈트라우스에게 보이고 말겠다는 결심을 단단히 하고 문 밖에서 기다리고 있었습니다.

슈트라우스의 정원사는 화초를 손질하고 있었고, 운전사는 차를 닦고 있었습니다. 뜰 한복판에서는 젊은 유모와 세 살쯤 돼 보이는 슈트라우스의 손녀가 뛰어놀고 있었습니다.

대문 밖에서 한동안 서성이던 익태는 슈트라우스의 집 안으로

들어섰습니다. 그 때, 누군가가 유모를 불렀습니다. 유모는 아이를 남겨 둔 채 안으로 들어갔습니다. 꽃밭을 돌보던 정원사도 방금 도착한 우편물을 받아들고 안으로 들어갔습니다. 혼자 남은 아이는 아슬아슬하게 걷다가 그만 연못에 빠지고 말았습니다.

익태는 들고 있던 악보를 내던지고 물에 뛰어들어가 아이를 구해 냈습니다. 놀란 아이가 자지러질듯 울어 대자 사람들이 달려왔습니다.

"네가 아이를 물에 빠뜨렸지!"

정원사는 다짜고짜 익태의 멱살을 추켜들며 경찰을 부르겠다고 소리쳤습니다.

그러자 슈트라우스의 여비서가 정원사를 말렸습니다.

"제가 보니까 저 손님이 들고 있던 것도 내던지고 연못에 뛰어들어 아이를 안고 나왔어요. 결코 나쁜 짓을 한 게 아니에요."

익태는 여비서의 말로 의심에서 벗어나자, 감사의 인사를 했습니다.

"저는 한국에서 온 작곡가 안익태입니다."

"오, 그래요. 반갑습니다. 작곡가라면 당신의 작품을 슈트라우스 선생님께 보여 드리세요."

"소개장도 없는데 그게 가능하겠어요?"

여비서는 안익태를 슈트라우스가 있는 2층으로 안내했습니다.

"자네가 내 손녀를 살렸다지? 정말 고맙네."

슈트라우스는 '한국환상곡' 악보를 읽기 시작했습니다.

"좋군. 작품이 색달라. 여긴 아주 좋군."

슈트라우스는 한 곳을 가리키며 고개를 끄덕였습니다.

"자네의 곡은 풍부한 감성을 담고 있어서 많은 사람들에게 감동을 줄 것으로 확신하네. 기초가 잘되어 있고, 민족적 정서를 훌륭하게 표현하고 있어. 앞으로 바흐와 베토벤을 더 연구하게. 바흐와 베토벤을 공부하면 더 좋은 곡을 작곡하는 데 도움이 될 것이야."

슈트라우스는 자신의 이야기를 공손하게 듣고 있는 익태를 가만히 바라보았습니다. 슈트라우스는 한동안 말이 없다가 나지막하게 말했습니다.

"동양인이 여기 와서 음악을 연구한답시고 서양인 흉내나 내면 안 된다고 보네. 동양과 서양은 근본적으로 차이가 있거든. 자네는 여기서 음악의 골격만 터득하게. 그리고 나서 그 위에 한국을 표현해 넣는 일이 훨씬 더 중요하지."

슈트라우스는 궁금한 게 있으면 언제든지 찾아오라고 했습니다. 그 뒤로 익태는 일주일에 두 번씩 슈트라우스를 찾아가 지도받

앉습니다.

 슈트라우스는 유명한 음악가들을 익태에게 소개해 주었습니다. 익태는 오스트리아는 말할 것도 없고, 유럽 각국의 많은 음악가들과 사귈 수 있었습니다. 그러면서 '한국환상곡'을 거듭 손질하여 오늘날과 같은 웅대한 교향곡으로 만들었던 것입니다.

 헝가리의 부다페스트 국립 교향악단에서 슈트라우스를 지휘자로 초청했습니다. 그러자 슈트라우스는 제자인 익태를 대신 추천하였습니다.

 부다페스트의 시민들은 동양의 작은 나라에서 건너온 젊은 지휘자에게 커다란 호기심을 가지고 연주회장으로 몰려들었습니다.

 익태는 첫 곡으로 슈트라우스의 교향시를 지휘했습니다. 익태는 열정적인 지휘로 교향악단 단원들과 완벽하게 호흡을 맞추었습니다. 연주가 끝나자 열렬한 박수 소리가 울려퍼졌습니다.

 두 번째 곡은 차이코프스키의 교향곡 6번 '비창'이었습니다.

 2악장을 연주할 때까지는 아무런 문제가 없었습니다. 그러나 3악장을 지휘하면서 익태는 피로를 느꼈습니다. 요란한 사이렌 소리가 들리는 듯하더니 머리가 깨질 듯 아팠습니다.

 이마엔 식은땀이 맺히고, 의식이 몽롱해졌습니다. 익태는 그만

단상에서 쓰러지고 말았습니다.

  연주는 중단되었습니다. 곧 앰뷸런스가 오고, 익태는 들것에 실려 나갔습니다. 청중들은 모두 박수를 치면서 회복을 빌었습니다. 이튿날 부다페스트의 신문들은 지휘대에서 쓰러진 익태를 동정하는 기사로 가득 찼습니다.

  건강을 회복한 익태는 빈으로 돌아왔습니다. 슈트라우스는 익태가 연주 도중에 기절한 것과, 그 사건으로 부다페스트가 떠들썩했다는 소식을 알고 있었습니다.

  슈트라우스가 말했습니다.

  "고생했네. 그만하기가 천만다행이야. 건강 관리를 철저히 해야지. 몸이 튼튼해야 힘있는 지휘를 할 수 있으니까. 내년에 다시 가서 지휘하게. 내가 꼭 그렇게 되도록 해 주겠네. 베를린, 파리, 빈, 로마, 함부르크에도 보내 줄 테니 지금부터 차분히 준비하게."

  슈트라우스는 익태에게 모든 지휘자들이 꿈꾸는 유럽 순회 공연을 약속한 것입니다.

베를린 필하모니 관현악단 지휘

안익태가 본격적으로 유럽 연주 여행에 나선 것은 1939년 가을부터였습니다.

익태는 가는 곳마다 '한국환상곡'을 지휘했습니다. 각 나라의 신문들은 익태의 연주회를 격찬하는 평을 실었습니다.

오스트리아, 헝가리, 루마니아, 불가리아 등에서 이름을 떨친 익태는 드디어 독일의 수도인 베를린에 진출했습니다.

기차가 웅장한 베를린 중앙 역에 도착하자, 베를린 필하모니 관현악단의 책임자가 마중 나와 익태를 고급 승용차로 숙소까지 안내했습니다.

익태는 베를린 연주회에서 마치 신들린 듯 지휘봉을 휘둘렀습니다. 베토벤의 작품에 이어 슈트라우스 곡을 지휘한 다음, '한국환상곡'을 지휘했습니다. 합창 부분에서는 애국가를 우리말로 부르게 했습니다. 대성공이었습니다.
 연주가 끝나자 청중들이 전부 일어나 박수를 보냈습니다. 교향악단 뒷줄에 둘러선 합창단원들은 더 큰 박수를 보냈습니다. 우

렁찬 박수는 두 시간 동안 지휘하느라 쌓인 피로를 말끔히 씻어 주었습니다.

　1941년 봄, 익태는 산타 체칠리아 관현악단의 초청을 받아 이탈리아의 수도 로마로 떠났습니다. 로마에 내리자, 뜻밖에도 한국인 신부와 세 명의 수녀가 산타 체칠리아 관현악단 관계자들과 함께 익태를 마중 나와 있었습니다.

익태는 낯선 땅에서 뜻밖에 동포들을 만나자 감회가 새로웠습니다.

"저는 평양 출신 안익태입니다. 제 연주회에 오십시오. 우리나라 애국가가 연주됩니다. 꼭 오셔서 함께 불러 주세요."

로마에서는 베토벤의 '전원 교향곡', 차이코프스키의 '피아노 협주곡'에 이어 '한국환상곡'이 연주되었습니다.

합창이 시작되자 이곳 저곳에서 감탄이 쏟아져 나왔습니다. 연주가 끝나자 청중은 일제히 일어서 박수 갈채와 환호성을 보냈습니다.

연주회에는 이탈리아의 높은 관리들을 비롯하여 저명한 대학 교수들이 많이 참석했습니다. 오페라 '카발레리아 루스티카나'를 작곡한 피에트로 마스카니도 나왔는데, 그는 익태의 지휘에 감탄하며 친구가 되자고 했습니다. 마스카니는 1943년까지 해마다 한 번씩 익태를 꼭 자기 집으로 초청하여 대접했습니다.

연주가 끝나던 날, 로마 일본 대사관은 익태를 위한 만찬회를 베풀려고 했습니다.

그러나 익태는 일본인들의 초청을 사양하고, 한국인 신부와 함께 찬란했던 옛 로마 문화를 구경했습니다.

1942년, 익태가 베를린에서 베토벤의 교향곡 9번 '합창'을 지휘했을 때였습니다. 독일 정부 홍보국은 그가 지휘하는 장면을 문화 영화로 만들어 유럽 여러 나라에 배포했습니다.

이 영화는 독일의 동맹국이었던 일본과 만주에까지 배포되었습니다.

그리고 이 영화는 스페인의 로리타 탈라벨라의 마음을 사로잡았습니다. 로리타는 극장에서 익태가 지휘하는 장면을 보고 혼자 사모하기 시작했습니다. 그것이 인연이 되어 두 사람은 뒷날 결혼을 하게 되었습니다.

유럽의 음악 애호가들 중에 안익태라는 이름을 모르는 사람은 없게 되었습니다. 각 나라의 통신과 신문, 라디오는 경쟁하듯 익태의 소식을 내보내고 인터뷰를 요청했습니다.

일본의 3대 신문인 아사히, 마이니치, 도쿄 신문도 익태에 대한 기사를 실었지만, 하나같이 '에키타이 안'이라는 일본 이름으로 썼습니다.

또, 자기들의 입맛에 맞게 일본의 여러 학교에서 음악을 익힌 뒤 미국으로 건너갔다든지, 미국에서 공부하다가 일본과 미국 사이에 전쟁이 벌어지자 독일로 갔다는 식으로 쓴 기사를 실었습니다.

우리나라에서도 뜻 있는 사람들은 익태를 서울에 초빙하여 연주회를 하자고 했습니다. 그러나 익태를 불러들여 연주회를 열 수 있는 힘이 없었습니다.

또한 온다고 해도 한국이 낳은 세계적인 지휘자가 '한국환상곡'을 연주하도록 일본 정부가 놓아 둘 리 없었습니다. 일본 정부는 외교관을 통해 안익태를 일본 사람으로 선전하라고 했습니다. 그러면서 한편으로는 '한국환상곡'을 무대에 올리지 못하게 방해했습니다.

전쟁도 꺾지 못한 지휘봉

1944년, 독일은 프랑스의 수도 파리를 완전히 점령했습니다.

연합군 비행기의 공습이 자주 있었지만, 음악을 사랑하는 프랑스 사람들은 연주회가 있을 때마다 객석을 완전히 메웠습니다.

연주 도중에 공습 경보의 사이렌 소리가 들려와도 연주는 계속되었습니다. 우연인지 모르지만, 폭탄도 오페라 하우스나 음악당 같은 건물은 피해 갔습니다.

어느 날 밤이었습니다.

익태는 샹젤리제 극장에서 베토벤의 교향곡 9번을 지휘하고

있었습니다.
 그 때, 요란한 폭음이 들리면서 극장이 날아갈 듯이 진동했습니다. 극장과 가까운 곳에 폭탄이 떨어진 것입니다.
 극장 안은 공포의 도가니가 되었습니다. 일부 청중들은 의자 아래로 엎드렸습니다.
 그러나 익태는 눈썹 하나 까딱하지 않고 지휘를 계속했습니다. 지휘자가 태연한 모습을 보이자, 관현악단과 합창 단원들도 침착하게 제자리를 지켜 끝까지 훌륭하게 연주했습니다.

독일, 일본, 이탈리아가 동맹하여 일으킨 제2차 세계 대전은 이제 연합국에 유리하게 진행되고 있었습니다. 소련군이 독일까지 진격했고, 프랑스의 노르망디 해안에 상륙한 미군은 파리 문턱까지 진군해 왔습니다.

마침, 파리에 머물고 있던 익태는 이곳 저곳의 친구들에게 피난길을 알아보았습니다. 그러나 뾰족한 수가 없었습니다.

그런데 생각지도 않았던 손님이 찾아왔습니다. 스페인 대사였습니다.

"파리가 위험하니, 스페인으로 피난 가시지요."

음악회에 자주 나와 익태를 알게 된 스페인 대사였습니다. 그는 익태를 자기네 나라로 데려 갈 궁리를 오래 전부터 해 왔던 것입니다.

익태는 스페인 대사관에서 특별히 마련한 피난 열차를 타고 바르셀로나에 도착했습니다.

스페인으로 피난한 익태는 그 해 가을에 바르셀로나 교향악단의 초청을 받았습니다. 이 교향악단은 세계적인 첼리스트이자 유명한 지휘자인 파블로 카잘스가 창립한 것이었습니다.

익태가 선택한 곡목은 '한국환상곡'과 베토벤, 모차르트, 슈트

라우스 등의 작품이었습니다.

연주회장의 청중들은 파리나 베를린, 로마에서보다 활기가 넘쳤지만, 분위기는 조금 어수선했습니다. 연주가 끝난 뒤의 박수 소리, 무슨 말인지도 모를 고함 소리는 마치 투우장의 축소판 같았습니다.

제2차 세계 대전은 결국 연합국의 승리로 끝났습니다.

익태는 바르셀로나의 조용한 호텔에서 묵으면서, 작곡 활동을 계속하는 한편 여러 음악제에도 참가했습니다.

연주회가 끝나자, 바르셀로나의 예술가들은 익태를 스페인 음악가의 최고 영예인 '궁정 음악 회원(파레시오 뮤지카)'으로 추대했습니다.

궁정 음악 회원이 된 익태는 빌로타 백작이 베푸는 연회에 초청을 받았습니다. 빌로타 백작은 음악가들의 후원자로 이름난 사람이었습니다. 연회가 무르익어 갈 무렵, 백작은 익태에게 초대 손님들을 소개했습니다. 손님들 중에는 딸의 친구인 로리타 탈라벨라도 있었습니다.

"오늘 이 시간이 오기를 가장 고대했을 로리타 양을 소개합니다. 로리타 양은 스페인에서 가장 열렬한 안익태 선생의 팬이랍니다."

로리타의 할아버지는 스페인 왕의 고문과 핀란드 대사를 지냈으며, 스페인과 핀란드의 무역 개설에도 큰 공을 세운 사람이었습니다. 아버지 또한 핀란드의 명예 영사였으며, 음악에 깊은 애정을 가진 사람이었습니다. 이런 환경에서 자란 로리타도 음악에 대한 사랑이 남달랐습니다.

사람들은 흥겹게 춤을 추기 시작했지만, 익태는 로리타와 단둘이서만 이야기를 나누고 싶었습니다. 익태도 로리타가 마음에 들었던 것입니다.

"예전에 영화에 나온 선생님의 모습을 보았어요. 어떤 분인지 꼭 뵙고 싶었어요."

로리타는 볼이 빨개지며 수줍게 말했습니다.

이렇게 시작한 두 사람의 이야기는 음악에 관한 이야기로 넘어가면서 시간이 가는 줄도 모르게 이어졌습니다.

그 뒤로 익태는 시간이 날 때마다 로리타와 만났습니다.

로리타는 익태가 프랑스어보다 영어를 잘한다는 사실을 알고 열심히 영어를 배웠습니다.

1946년 7월, 익태는 마흔한 살의 나이에 결혼식을 올렸습니다.

익태 부부는 그 해 가을 지중해에 있는 마요르카로 갔습니다.

마요르카는 지중해의 하와이라고 불리는 섬입니다. 여름에는 많은 피서객들이 몰려들고, 겨울에는 휴양을 하러 관광객들이 즐겨 찾는 곳입니다.

익태는 이 섬의 해변가에 있는 아담한 2층 양옥집에서 살게 되었습니다.

익태는 섬의 귀족들을 찾아 인사하고, 교향악단을 창설하자고 설득했습니다. 그리고 시청에도 도움을 청했습니다.

익태는 한 달도 못 되어 팔십 명으로 구성된 마요르카 교향악단을 만들었습니다. 대부분의 단원은 스페인 각 도시와 유럽의 여러 교향악단으로부터 뽑아 왔습니다. 이 교향악단의 탄생으로 마요르카는 음악의 섬이 되었습니다.

고국에서의 연주들

1945년 8월 15일, 우리나라는 일본의 식민지에서 벗어나 꿈에도 그리던 독립을 맞았습니다.

그리고 1955년 2월, 익태는 대한민국 정부로부터 특별 연주회 초청을 받았습니다. 정부는 익태를 초빙하기 위해 대한민국 여권을 만들어 스페인으로 발송하였습니다.

조국을 떠난 지 이십오 년만에 세계적인 지휘자가 되어 돌아오는 익태는 가슴이 벅찼습니다.

비행기가 여의도 비행장에 도착하니, 수백 명의 사람들이 모여서 기다리고 있었습니다. 익태를 환영하기 위해 나온 사람들이

었습니다. 군악대는 애국가를 연주하고 있었습니다.

서울은 여기저기 폭격의 흔적이 눈에 띄었으나 남대문, 덕수궁, 경복궁 등 고적들은 옛 모습 그대로였습니다.

신문들은 익태의 업적과 앞으로의 계획을 크게 소개했습니다.

익태는 이승만 대통령도 방문했습니다. 이승만 대통령은 익태의 노고를 칭찬했습니다.

"나도 미국에서 안 선생이 작곡한 애국가를 많이 불렀어요. 그

걸 기억하고 있던 많은 사람들이 안 선생이 작곡한 애국가를 대한민국 국가로 정하자고 해서 내가 좋은 일이라고 했지."

하지만 대통령을 만나고 숙소로 돌아온 익태는 이상한 생각이 들었습니다. 찾아오는 음악가들이 아무도 없었던 것입니다.

실제로 우리나라의 음악계를 이끌어 가던 몇몇 음악가들은 익태를 환영하지 않았습니다. 익태를 초청하는 막대한 돈으로 교향악단을 더 육성시키는 게 더 낫다고 투덜거렸습니다.

익태는 서울에 온 지 사흘째 되던 날부터 교향악단과 합창단을 연습시키기 시작했습니다.

그런데 단원들은 들쑥날쑥하게 출석했고, 연습 태도도 불성실했습니다. 마지막 연습 때까지 엉뚱한 짓을 하는 단원도 많았습니다.

"연주가 싫은 사람들은 나가시오. 태도가 이게 뭡니까?"

익태는 참다 못해 화를 냈습니다. 어떻게 지휘자 대접을 이렇게 할 수가 있나 싶었습니다. 초청 지휘만 아니라면 지휘봉을 집어던지고 돌아가 버리고 싶었습니다.

결국 연주회는 엉망이 되어 버리고 말았습니다. 익태는 연주 도중에 울분이 터져 연주를 중단해 버렸습니다. 이렇게 고국에서 가진 첫 번째 연주회는 볼품없이 끝났습니다.

그러고 나서 몇 년 뒤에 익태는 다시 우리나라를 찾았습니다.

국립 교향악단 조직과 국제 음악제 준비를 서둘렀지만, 익태가 꿈꾸었던 국립 교향악단 창설은 여러 음악가들의 반대로 이루어지지 못했습니다.

1962년 1월 중순이었습니다. 익태는 새로 지은 시민회관에서 시립 교향악단과 KBS 관현악단의 합동 연주를 지휘했습니다. 두 오케스트라를 한 자리에 모아 연습시키고 지휘하는 일은 매우 드물고 힘든 일이었습니다. 그러나 젊은 단원들의 적극적인 협조로 합동 연주회는 예정한 날짜에 열렸습니다.

곡목은 익태의 작품인 교향시 '강천성악'과 베토벤의 교향곡 '운명'이었습니다. 익태는 삼천여 명의 청중을 향해 애국가 합창을 제의했습니다. 지위가 높은 사람, 낮은 사람 할 것 없이 모두 일어나 애국가를 부르는 감동적인 연주회였습니다.

음악으로 일본을 정복하다

1960년 1월.

익태는 일본에서 연주 초청을 받았습니다. 저명한 음악가들과 쿠니타치 음악 학교 동창생들, 그리고 많은 교포들이 공항에 나와 반갑게 맞아 주었습니다.

그러나 일본에는 자기들의 자존심을 내세우며 익태를 낮춰 보려는 사람들도 많았습니다.

익태는 그런 일본인들에게 '한국환상곡'과 차이코프스키의 교향곡 6번 '비창', 그리고 베토벤의 피아노 협주곡 1번을 들려 주기로 했습니다.

익태의 도쿄 연주는 히비야 공회당에서 막을 올렸습니다. 음악회에는 재일 동포들이 구름처럼 몰려왔습니다.

드디어 '한국환상곡'이 장엄하게 연주되었습니다. 남녀 합창단이 애국가를 소리 높여 부르자, 교포들은 엉엉 소리 내어 울었습니다. 익태는 그야말로 음악으로 일본을 감동시켰습니다.

일본의 한 신문은 이렇게 평했습니다.

일본은 한때 한국을 정치적으로 지배했다.
그런데 오늘 안익태는 지휘봉 하나로 일본 음악계를 정복했다.

대부분의 일본 음악가들도 '한국환상곡'의 우리말 합창을 문제 삼지 않았습니다.

익태는 우리나라 교포들이 많이 살고 있는 오사카에서도 공연했습니다. 연주회장은 초만원이었습니다.

그런데 오사카 교향악단 단원 중에는 옛날 익태에게 첼로를 가르쳐 준 이세키 사부로라는 스승이 있었습니다. 이세키 사부로는 여든 살의 늙은 나이였으나, 옛 제자의 지휘를 받으며 연주했습니다.

연주가 끝난 뒤, 어느 신문사 기자가 사부로에게 소감을 물었습니다. 사부로는 이렇게 대답했습니다.

"세계적으로 훌륭한 지휘자가 된 제자와 함께 연주한 것이 내겐 참으로 큰 영광이었소."

또, 고향이 제주도라는 재일 교포 실업가 한 사람이 익태를 찾아왔습니다.

"저는 일본에서 오래 살았지만, 오늘과 같은 감격은 일찍이 맛보지 못했습니다. 선생님을 돕고 싶습니다. 필요한 것이 있으면 무엇이든 말씀해 주십시오."

그 실업가는 뒤에도 익태가 도쿄에 들를 때마다 고급 자동차를 제공하면서 아낌없이 도왔습니다.

1961년 1월, 익태는 런던에서 로열 필하모니 관현악단과 합창단을 지휘했습니다. 이천오백 명을 수용할 수 있는 로열 페스티벌 홀은 초만원이었습니다.

청중들은 익태가 지휘하는 교향곡의 웅장한 분위기에 빠져들었습니다. 연주가 끝났는데도 떠날 생각을 안 하고 계속 박수를 쳤습니다.

"좋은 음악, 좋은 분위기, 좋은 기분을 끝내기 싫어서 저러고

있는 것입니다."

익태의 매니저도 감격의 눈물을 흘렸습니다. 그리고 진지한 태도로 말했습니다.

"당신의 나라인 대한민국의 관현악단과 우리 영국의 관현악단 사이에 교환 연주 협정을 맺읍시다. 당신의 훌륭한 지휘를 보니, 한국의 수준도 상당할 것 같습니다."

"꼭 그렇게 되기를 원합니다. 함께 힘써 봅시다."

익태는 기쁜 마음으로 대답했습니다.

세계 일주 지휘 도중에 익태는 다시 일본에 들렀습니다.

익태는 쿠니타치 음악 대학 오케스트라와 합창단을 동원하여 도쿄 히비야 공회당에서 베토벤의 교향곡 9번 '합창'을 지휘했습니다.

익태의 도쿄 연주가 커다란 인기를 끌자, 쿠니타치 음악 대학은 그를 명예 교수로 모시면서, 적어도 일년에 한 번은 꼭 쿠니타치 음대 관현악단을 지휘해 달라고 정식으로 부탁했습니다.

익태는 1964년 6월, 쿠니타치 음악 대학의 초청으로 도쿄에 갔습니다. 모교에서 직접 작곡한 교향시 '논개'의 연주를 요청했던 것입니다.

NHK(엔에이치케이) 방송은, '논개' 연주를 중계 방송하기로 하였습니다. NHK는 세계 6대 방송 중의 하나로 일본을 대표하는 방송입니다.

그러나 이 곡의 내용을 읽고 난 담당 프로듀서는 얼굴이 굳어졌습니다. '논개'는 1592년 임진왜란에서 진주성이 함락됐을 때, 일본군 장수의 목을 끌어안고 진주 남강에 떨어져 죽은 기생이었기 때문입니다.

"이 곡은 곤란합니다. 다른 곡으로 해 주세요."

그러나 익태는 뜻을 굽히지 않았습니다. '논개'를 꼭 연주하겠다고 하자, 방송국은 회의를 열어 이 곡을 연주할 것인지 격렬한 토론을 벌였습니다.

결국, 방송국의 사장이 결단을 내렸습니다.

"역사는 역사고, 예술은 예술입니다. 예정대로 추진하세요. 나는 안익태 선생을 잘 압니다. 예전에 유럽 특파원으로 있을 때 그가 유럽의 일류 교향악단들을 훌륭하게 지휘하는 것을 보고, 우리 일본에도 저렇게 세계적인 지휘자가 있으면 얼마나 좋을까 하고 부러워했습니다. '한국환상곡'에는 한국의 국가가 합창곡으로 나오고, 그 부분은 반드시 한국어로 부릅니다. 그러나 그 어느 나라도 그걸 문제 삼은 일이 없었습니다. 우리 방송이 과거의 일을 내세워 연주를 못 시키겠다고 나서는 것은 애국심이라기보다는 창피한 일입니다."

'논개' 연주회는 6월 2일 도쿄 스기나미 공회당에서 열렸습니다.

연주 장면은 NHK 방송의 전파를 타고 전세계에 방영되었습니다. 익태의 지휘봉이 일본을 정복하는 순간이었습니다.

NHK는 익태와 해마다 연주회를 갖기로 계약을 맺었습니다.

스페인으로 돌아간 익태는 여전히 연주 준비에 바빴습니다. 세계 각국의 이름난 교향악단들이 지휘를 요청해 왔던 것입니다. 익태는 너무나 바쁜 나날에 쫓겼습니다. 과로가 계속되면서 피로가 쌓였습니다.

그 때문이었을까요? 1965년 9월 16일, 익태가 갑자기 쓰러졌습니다. 그리고 제2의 조국인 스페인에서 한창 일할 나이인 쉰아홉 살에 아깝게 세상을 떠나고 말았습니다.

부인 로리타 탈라벨라 여사와 두 딸은 깊은 슬픔에 빠졌고, 전 세계의 많은 음악 애호가들이 그의 죽음을 안타까워했습니다.

2002년 6월, 우리나라에서 역사적인 월드컵이 열리고 있었습니다. 6월 21일에 한국과 스페인이 8강에서 맞붙게 되었습니다.

많은 기자들이 스페인의 마요르카 섬에 살고 있는 로리타 여사 댁을 찾아갔습니다.

"내일 한국과 스페인이 월드컵 8강전을 벌입니다. 부인께서는 어느 나라를 응원하시겠습니까?"

한국 기자가 물었습니다.

"나는 남편과 결혼하던 그날부터 한국 사람입니다. 그러니 한국 팀을 응원하는 것이 당연하지 않습니까? 나는 내 남편을 사랑했듯이, 남편의 조국도 사랑합니다."

로리타 여사가 대답했습니다.

로리타 여사는 조국에 대한 남편의 사랑이 얼마나 애틋했는지를 기자들에게 자상하게 들려 주었습니다.

익태는 한국의 민요와 전통 음악에 대해 가족들에게 이야기해 주곤 했습니다. 아름다운 세시 풍속과 자연 경관, 문화재를 담은 사진도 보여 주었고, 항상 한국에 돌아가 살고 싶다고 이야기했습니다.

그러는 동안 로리타 여사와 두 딸은 한국을 아버지 나라가 아니라 자신들의 조국으로 사랑하게 되었습니다.

로리타 여사는 남편이 세상을 떠난 지 삼십 년이 지난 지금까지도 한국의 국적을 가진 채 스페인에서 살고 있습니다.

안익태 연보

1906년   12월 5일 평양에서 태어남
1914년   평양 종로 보통학교 입학
1918년   평양 숭실 중학교 입학
1919년   삼일운동 관련 수감자 구출 운동에 가담했다가 제적됨
1921년   일본 도쿄의 세이소쿠 중학교 입학
1926년   일본 도쿄 국립 음악 학교 입학 (첼로 전공)
1930년   일본 도쿄 국립 음악 학교 졸업
          미국 신시내티 음악 대학 입학
1932년   미국 신시내티 시립교향악단 입단
1934년   미국 필라델피아 심포니 클럽 지휘자
          미국 체스트넛힐 교회 성가대 지휘자
1935년   미국 엘칸-보걸사에서 '한국의 생활' 모음곡 출판
          미국 필라델피아 커티스 음악 대학 입학
1936년   애국가 작곡
          오스트리아 빈에서 바인가르트너에게 배움
1937년   헝가리 부다페스트 국립 음악 학교 특별 연구생
1938년   3월 '한국환상곡' 초연

1939년	헝가리 부다페스트 국립 교향악단 지휘
1940년	독일 베를린 필하모니 관현악단 지휘
1944년	스페인 바르셀로나 교향악단 지휘
1946년	7월 5일 로리타 탈라벨라와 결혼
	스페인 마요르카 교향악단 창단 및 상임 지휘자 취임
1947년	영국 런던 로열 필하모니 관현악단 지휘
1949년	미국 샌프란시스코에서 '한국환상곡' 지휘
	(미국의 소리 방송을 통해 고국에도 방송됨)
1955년	이십오 년 만에 조국 방문 (문화포장 받음)
1959년	교향시 '강천성악' 작곡
1962년	5월 제1회 국제음악제 지휘 (서울 시민회관)
1963년	5월 제2회 국제음악제 지휘 (서울 시민회관)
1964년	5월 제3회 국제음악제 개최 (서울 시민회관)
	일본에서 올림픽대회 기념 ABC 교향악단 지휘
1965년	9월 16일 스페인 바로셀로나 병원에서 세상을 떠남
1977년	7월 유해 돌아옴 (국립묘지 제2유공자 묘역에 안장)
1993년	제1회 안익태 음악회가 열림

애국가 이야기

 '애국가'는 나라를 사랑하는 마음으로 온 국민이 부르는 노래를 가리키는 말입니다. 그래서 어느 나라나 애국가를 만들어 부르는 것입니다. 우리나라에서 애국가는 조선 말 개화기부터 불리기 시작했습니다. 외세의 침략으로 우리나라가 위기에 처하게 되자, 애국심을 일깨우기 위해 만들었던 것입니다.
 나필균의 애국가, 유태성의 애국가, 이용우의 애국가, 평양 김종섭의 애국가, 제물포 전경택의 애국가, 배재 학당의 애국가, 새문안 교회의 애국가, 독일인 에케르트가 작곡한 대한애국가 등, 이 시절에 불렸던 애국가들은 십여 가지가 넘는 것으로 알려져 있습니다.
 그 가운데 가장 많이 알려진 것은 배재 학당에서 부른 애국가입니다. 그러나 이 애국가는 스코틀랜드 민요인 '올드 랭 사인(Auld Lang Syne)'의 곡조를 그대로 딴 것이었습니다.
 그리고 다른 애국가들은 악보가 남아 있지 않아서 어떤 곡조로 불렸는지 알 수 없습니다.
 지금의 애국가는 안익태가 1936년에 작곡한 16소절의 간결하고 장중한 곡으로, 미국과 유럽 등지의 해외 독립 운동가들이나 교포들이 널리 불렀습니다. 그러다가 1948년 대한민국 정부가 수립되면서 공식적인 국가로 인정되어 지금까지 불리고 있습니다.

하지만 애국가의 노랫말을 만든 사람이 누구인지는 정확하게 밝혀지지 않았습니다. 다만 안창호가 지었다는 주장과 윤치호가 지었다는 주장이 나오고 있을 뿐입니다. 우리나라 공식 국가인 애국가의 노랫말을 지은 사람이 누구인지를 정확하게 알지 못한다는 것은 안타까운 일입니다.

애국가는 한 세기 가까운 세월 동안 우리 겨레와 기쁨과 슬픔을 같이해 온 노래입니다. 그러므로 우리는 애국가를 부르면서, 이 곡에 담긴 나라 사랑의 정신을 되새길 수 있어야 하겠습니다.

2005년 3월 28일, 안익태의 가족들은 애국가 저작권을 대한민국 정부에 기증하겠다고 발표했습니다. 온 국민이 한마음이 되어 애국가를 마음껏 부를 수 있기를 원했던 안익태의 뜻을 받들기 위해서입니다.